행복 웃음 드림

행복 웃음 드림

양 진 희 시집

그림과책

이 세상에 태어나
한 획을 긋고 가고 싶습니다

양 진 희

차 례

1

나팔꽃 12
갈바람 13
유목민 14
파리 15
달맞이꽃 16
액셀러레이터 17
아카시아 18
단비 19
아카시아 꽃이불 20
봄 21
지난겨울 22
봄나들이 23
화로 24
꽃샘추위 25
소나무 26
벌을 찾아 27
봉선화 피는 밤 28
바람이여 29
여름 30
고고 천사 31
쇠똥구리 32
그대를 찾고 있네 33
끝나버린 사랑 34
눈빛 35
나의 사랑 36
짝 37

2

현실 40
거리에서 41
날마다 웃는다 42
하루 43
믿음 44
미래 45
고민 46
꿈 47
단맛 48
함박꽃 49
등산 50
그냥 하자 51
오리엔테이션 52
바람 불어 좋아 53
차이 54
공손 55
중요도 56
아르바이트 57
짓자 총통 58
탈출 59
예술 60
시를 써요 61
샤프 연필 62
예술은 길다 63
희미한 64
치약 65

3

가로등 68
사랑물 69
원점 70
무반응 71
작은 그대 72
참을 수 없는 내 사랑 73
말 74
그대 사랑 75
사랑의 빛 76
노래 부르다 77
시절 인연 78
행복 버스 79
외사랑 80
잊기로 했어요 81
기다림〈1〉 82
기다림〈2〉 83
선택 84
떠날 거야 85
얼음 86
좋은 추억 87
이제는 88
후회하지 않으리 89
메시지 90
이루어질 수 없는 사랑 91
짝사랑 92
존경 93
아는 사이 94
정 95
외로워 말라 96
떠나지 말아줘요 97

4

거북 100
두 구멍 단추 101
어머니 102
해바라기와 해님 103
오로지 104
너와 나 105
활용 106
돈키호테 107
남편의 여자 친구 108
스마트폰 109
피아노 연주회 날 110
딸 111
셀프〈1〉 112
셀프〈2〉 113
꽃은 다시 피고 114
딸바보 115
호빵 116
알 수 없어요 117
에메랄드 118
개미 119
언니 120
마음 121
춤을 추네 122
평생 친구 123
행복 맺음 124
후회 없는 삶 125
오늘같이 좋은 날 126

엮은이의 말 127

1

아침이 되면 순수 꽃망울을 피어
불혹의 나이처럼
정오부터는 서서히 시들어
밤이 되면 지고 마는
우리의 짧은 하루 같은 인생살이

나팔꽃

나는 알았네
가녀린 나팔꽃은
팔색조같이 화려하지는 않지만
아침이 되면 순수 꽃망울을 피어
불혹의 나이처럼
정오부터는 서서히 시들어
밤이 되면 지고 마는
우리의 짧은 하루 같은 인생살이
길지 않는 우리네 인생살이

갈바람

달도 없는 밤
희미한 옛 추억처럼
소쩍새는 구슬프게 웁니다

가을바람에 몸을 맡기며
내 운명을 알지도 못하면서
한줄기 옛사랑으로
여치는 아련한 별처럼 웁니다

그대의 바람에
처음엔 넋 잃고 있었으나
험한 길 헤치고 나서
모든 걸 잊어버려야 할 때
한 시절도 그렇게 스러졌습니다

금빛 햇살 비치는 아침을 기다립니다

유목민

나는 나는 외로운 유목민

말을 타고 드넓은 광야를
가로지르며 달리고 달린다

수백 마리 양들을 기르며 살아가는
사람이 그리운 외로운 사람

나무 한 그루, 집 한 채 없어도
풀과 물을 찾아
밤에는 별과 함께 살아간다

저기 저 유성은
나의 유일한 희망이며 친구다

파리

마음을 가다듬고
하루를 생각하는데
어디서 파리 날아와
나의 볼에 다가와 앉는다

어디서 태어나
무엇 하러 왔는가
친구들과 가족들은 어디로 가고
홀로 여기에 왔는가

길 잃은 작은 파리
나도 길 잃은 작은 여인

달맞이꽃

메마른 바람은
내 맘에 들어오고

노오란 마법의
밤의 요정 마주하며

인생의 뒤켠을
바라보는 침묵

달님이 뜨기를
기다리는 달맞이꽃

횃불을 들고 나와
그대를 기다리며

오늘 밤 리사이틀에
그대를 초대한다

액셀러레이터

그대를, 지금
만나러 갑니다

차창 밖의 바람 소리
봄밤은 깊어가고

보고픔은 쌓여
미칠 것만 같기에

힘차게
액셀러레이터를
밟으면서 달립니다

아카시아

빗속에
날리던 송홧가루
맑게 씻긴 아침
고운 임과 산책했네

아카시아 하얀 꽃이
빗물을 머금고
무겁게 매달려 있네

떨어지는 하얀 꽃이
아주 예뻐
밟기가 미안할 뿐이네

단비

내 마음을 적셔주는
싱그런 어느 봄날
단비가 내렸다

메마른
땅 위로

내 마음은 흐뭇해
미소가 입가에
번지고 있다

아카시아 꽃이불

날이 새자
빗방울이 떨어져

봄날의 아카시아
비를 먹고 늘어지네

촉촉한 대지 위에
비를 머금은
늘어진 꽃은
꽃이불을 만들었다

꽃대궁 속에서
그대와 사랑을 하네

봄

봄마중 가려고
나의 애마
차 번호는 22조 ㅇㅇㅇㅇ
22조 아주 비싼 백마에게
몸을 맡긴다

추워도 창문 열고
액셀러레이터를 밟았다
열을 내며

열심히 달려 그대에게
다가갔다

이제 그만, 브레이크를
밟고 운전하세요

헤어지자는 얘기다

지난겨울

꽃은 피어
화려함을 뽐내고

지난겨울
예쁜 꽃을 피우기 위해
추위를 이겨냈다

어려움을 견디었기에
이번 추위와 눈에도
꽃은, 그러려니 한다

봄나들이

창밖의 따스한 햇살이
봄나들이를 유혹한다

화창한 봄날에 봄꽃소식
쑥을 캐러 들판에 왔다

변덕스러운 봄 날씨
바람 불어 쌀쌀하다

화로

화로가 있는
추운 겨울 방안에

우리 사랑 싹을 틔워
새 생명 얻었다

화로의 잿불이
조금씩 사그라진다

저만치 가고 있는
그 임

꽃샘추위

봄을 시샘하는 꽃샘추위가
몸을 움츠리게 합니다

친구의 마음처럼
따스한 차 한 잔 마시며
즐거운 하루를 기대합니다

그윽한 꽃향기를 맡으며
화려한 미래를 꿈꾸며
살포시 미소 짓습니다

행복이 한 발자국 다가옵니다

소나무

이 세상 외로운 길
지나가는 나의 삶

이른 아침 홀로
등산을 간다

늘푸른큰키나무*
잎은 바늘 모양
쌍으로 다정히 뭉쳐서 나네

며칠 전
말다툼했던 그대에게
미안하다 전화했다

*늘푸른큰키나무 : 소나무

벌을 찾아

나는 나는 꽃
그대는 벌

벌이 꽃을 찾아가야
이치에 맞는다는데

정열의 꽃, 호박꽃

나는,
벌을 찾아
길을 나섰다

봉선화 피는 밤

봉우리를 향해 산에 올라가
선남선녀가 손을 잡고
화기애애하고 정다운 모습
피어나는 화려한 꽃들의 얼굴, 나
는, 젊음과 청순을 느껴봅니다
밤이 되기 전에……

바람이여

어느 날 그대가
내 맘에 들어와
설레게 했다

어느 날 그대가
내 맘에 들어와
내 마음 가져갔다

갈대처럼 흔들어버린
바람이여 잘 가요

여름

여름은 사랑이 꽃피는 계절
여유를 가지고 남편과 영화를 보러 가자
히히히 귀신 영화 보러 가자
살갗에 소름이 돋도록 무서워도
자지러지지 말고 영화를 보자

고고 천사

햇볕이 스며드는
양지바른 나의 텃밭

풀을 뽑고 물을 주며
사랑 주며 행복했다

깜깜한 밤, 나의 텃밭이
지인에게 짓밟혔다

나는,
세상에서 가장 외로운
날개 잃은 고고 천사

쇠똥구리

풍뎅이같이 비슷한 너는
뜨거운 여름 쉬지 않고
열심히 쇠똥을 구르고 있구나

삼복더위에도 눈 덮인 내장산 생각하며,
묵묵히 땀 흘려 일하고 있구나

쇠똥은 살아가기 위해 굴속에 먹이를 저장하고
산란을 위해 필요하기도 하지

소를 방목 안 해 그것이 부족하고
그것을 분해하는 곤충, 땅강아지, 지렁이 등이 없어
산란을 잘 못한다 하니 안타깝구나

환경부가 정한 멸종위기 보호종, 쇠똥구리

그대를 찾고 있네

그대를 찾고 있네
밤이 깊어가고

창가에 흐르는
외로운 빗물처럼

내 마음도 구슬퍼
눈물이 흘러내려

저기 저 창문 밖의 자귀나무
깃 모양의 겹잎
밤이 되어 오므라들었다

*자귀나무(합환목) : 부부 사이가 좋다는 것을 의하는 나무

끝나버린 사랑

불어 오는 찬바람

내 곁에 그대 온기
어디론가 사라지고
슬픔만이 밀려온다

나무는 그대로인데
나뭇잎은 떨어져

나도 낙엽 따라
어디로든 떠나가리

세찬 바람이 불어오네

눈빛

임의 곁에 머물고 싶습니다

나뭇잎은 떨어져 뒹굴고
쓸쓸한 나무는 내 마음

안개 되어 임의 곁에 있어도
바람 되어 머물고 방황해도
사모하는 마음 모르실 거예요

내 손을 만져 봐도 되냐고
손을 내밀면
긴장된 마음으로 잡았지
그때, 흔들리던 눈빛

나의 사랑

말없이
같이 있어도
좋은 사람

바라만 봐도
두근거림과 떨림

낙엽을
쓸어버리듯
나의 사랑 쓸었다

짝

매서운 바람이
내 맘에 들어온다

짝 잃어 고독하고
가슴 아파 서글프다

가로등 밑 애완견 부부
서로 좋아 포옹하네

새로운 그대가
시나브로 다가온다

짝 있어 즐겁고
같이 있어 행복하다

나의 사랑 나의 그대
절대로 헤어지지 마요

사랑하는 그대여
귀중한 나의 임이여

2

백일몽에 취해
자리 털고 일어나 하품하니

이제야 현실이구나
주름진 나의 얼굴

현실

망상일까
초롱초롱한 나의 눈
꽃과 같이 예쁜 나의 얼굴

백일몽에 취해
자리 털고 일어나 하품하니

이제야 현실이구나
주름진 나의 얼굴

거리에서

바람 부는 추운 거리
이별은 소리 없이
내 곁에 다가오고
하루해는 저물어 가고

그대는
행운처럼 다가오고
행복한 가슴으로
서로를 존경했다

어두운 밤하늘은 서로에게
두 마음 한마음 되어
살아왔던 삶인데…….

날마다 웃는다

날이면 날마다
마중 나온다, 나에게
다정하게 꼬리를 흔들며
웃음을 짓
는
다

하루

소박한 마음으로
희망을 그리는 하루가 뿌듯하다

소원은 풍요로운
행복으로 채워질 것을 예감한다

우리의 삶
유동적이고 가변적이다

9회 말이다
자신의 생 뚜벅뚜벅 걸어가자

믿음

그대를 믿습니다
믿기에 기도하며
관심 주며 존경합니다

서로서로 눈 맞추고
웃으며 행복하게
살아가기로 해요

같은 곳을 바라보면
끝내는 같은 곳이
된다고 생각합니다

사랑으로 채워가요

미래

사랑하는 그대는
꿈을 갖고 살아가
낮고 작은 것보다는
높고 큰 이상을 향해
어제도 오늘도
달리고 달립니다

현재의 고통을
한 걸음 한 걸음
걷는 것은 아마도
미래의 목표를 향한
커다란 발판이겠지

힘들어도 쓰러지지 않게
쉬면서, 달리고 달립니다

고민

어린 시절 내 별명은
'십 원만'이었다

과자를 사 먹으려고
'십 원만' 주세요

어느 날, 엄마는 말씀하셨다
"내일 장날이니 나를
시장에 팔아서 과자 사 먹어"

그날 밤, 엄마를 어떻게 끌고
시장에 갈지 생각했다

소같이 코뚜레를 만들면
엄마 코가 아주 아플까?
새끼줄로 목줄을 만들어
끌고 가면 괜찮을까?

밤새 고민하다 잠이 들었다

꿈

피하지 마라
아무리 어려워도
노력하면 된다

피하는 것은
아직은 시간이 많다는 이유로
노력하지 않는 것이다

피나는 열정으로
열심히 하다 보면
피아노 연주회의 꿈은 이루어진다

단맛

충격은 내 모든 것
송두리째 파괴해

심장은 얼어붙어
과거의 나의 삶이
현재의 나의 삶과
멀어져 가고

두려움과 공포는
미래의 내 인생을
성숙하게 만든다

쓴맛은 먼 훗날
인생의 단맛이겠지

함박꽃

이른 아침 산악회
등산을 갔다

힘든 오르막,
내리막은 천천히

미끄럽고 위험한
안개 낀 바위틈을

서로서로 도와주며
정상에 올랐다

청수 한 모금 나눠 먹으며
등산을 마친 사람들
함박꽃이 피었네

등산

건강을 위해서는
등산이 최고

오르막 내리막은
인생과 비슷하다

서로가
다치지 않게
조심조심 걸어요

그냥 하자

하늘 아래 태어나서
땅 위에 내가 있다

불혹의 나이 되어
눈 감기 전 후회 않을

뭔가 새롭고
즐거운 것 그냥 하자

유리같이 깨어져도
무조건 하여보자

낙하산이 어떻게 펴질지 몰라도
절벽에서 뛰어내려 보자

땅 위에 피아노가 보인다

오리엔테이션

아주 오래된
대학 오리엔테이션 때
기억나는 이야기 한 가지

사회자가 퀴즈를 내서 맞추면
선물을 준다고 했다

병원에서 의사 선생님이 환자에게
일 더하기 이는 삼
그럼, 이 더하기 일은 얼마지요?

일어서서 손을 높이 들었다
결국 내가 맞춰 검은색 스타킹
선물 받았다

바람 불어 좋아

바라고 바라던 아이가 태어났다
사내아이가 태어나 무럭무럭 자라고

불같이 더운 날 예방접종을 하며
어제는 잘 놀았다

자지러지게 운다
어떻게 해야 하나

시어머니께 전화드리니
서둘러 아이를 데리고 밖으로 나가라 했다

아이의 웃음이
바람이 되어 날린다

차이

의자에 앉았을 때 가방이
바닥에 있으면 짝퉁
무릎 위에 있으면 명품

거리에서 비가 올 때 가방을
머리에 올리면 짝퉁
윗옷으로 감싸면 명품

가격을 물어볼 때 가방을
선물 받았다 말하면 짝퉁
그냥 웃으면 명품

공손

어느 모임에서 일이다
후배들에게, 아는 언니는 걸핏하면
“이년아, 저년아” 부른다
그래서 친구는 나가버렸다

언니는 맨발로 달려 나와
양팔을 붙잡고 말한다
“다시는 이년아 저년아 안 할 테니까
들어가자 이년아”

친구가 자리를 떠난 뒤,
언니는 언제나 모든 이에게
말을 공손하게 했다

중요도

짜장을 먹으면 짬뽕 먹는 사람이,
짬뽕을 먹으면 짜장면이 그립다
그래서 짬짜면이 생겨난 것이리라

음식은 무엇을 먹느냐보다
누구랑 먹느냐가 중요하다

여행도 명승지 가는 것보다는
어떤 이와 가느냐가 중요하다

아르바이트

계획 없고 배짱 좋은 이십 대
하루 벌어, 먹고 살기 힘들어도
대학에 들어갔다

뒷받침해줄 든든한 학비 없어
1학기만 다녀보고, 휴학하려 생각했다

옆집 아이 초등생 수학을 가르쳤고
부모의 보호 속에 아이가 공부해
알고 있는 지식 열심히 전달했다

짓자 총통

초롱초롱 그대의 눈
오뚝한 멋진 코
보고 싶은 그대 얼굴

나의 마음 실어보냅니다

짓자 총통* 터지는 소리
내 마음 그대 향해
심장 터지는 소리와 같을까?

*짓자 총통 : 화승(화약이 터지도록 불을 붙이는 심지)의 불로 터지게 하여, 쏘는 옛날의 대포 한 가지

탈출

내 맘에서 그대가
탈출하고 싶다고 하네

햇살은 따스하고
연분홍 진달래는
내 마음도 모르고
자태를 뽐내고 있네

마른 목을 축이며
뒷동산에 올라
그대를 잊으리라
다짐하며 돌아섰네

예술

인생은 짧고
예술은 길다

양진희가 99세에 죽었다
시인 양진희가 죽었다

시를 써요

곁눈질한 시에게
어려운 인생살이

뒤처지지 말자고
씨앗을 뿌린다

예쁘고
흔들림 없는
견문으로
시를 쓴다

샤프 연필

모두 다 잠든 이 밤
귀중한 시를 쓸 때
샤프 연필은 나의 친구

기다란 샤프심을
구멍에 넣는다
뒤에서 밀어주면
심이 나와 춤을 춘다

쓰다가 틀리면
뒤 뚜껑을 열어서
지우개로 지운다

열심히 쓰고 나면
기분이 상쾌하다
영원히 쓰고 싶다

예술은 길다

잘 되지 않는 글을 쓰다가
난 알았네
이것이 결국
시의 삶에 기초가 되어
멋진 인생의 작품이 되리라는 것을…

희미한

밤하늘에 떠 있는
희미한 별 하나

고독만 먹고 사는
내 마음과 닮아

모두 다
잠든 이 밤에

무얼 생각하며 잠 못 드나

치약

맨 처음 만났을 때
통통했던 너의 몸매는

어느덧 세월이 흘러
야위었네

쭈글한
너의 신체는
내 인생과도
닮았네

3

흘러가는 강물과 같이
자연스레 아무 일 없다는 듯이
우리의 제자리 사랑도
시간 따라 흘러가고 있습니다

가로등

심장이 뛰는 순간까지

당신을 그리면서

영원한 삶을

행복하게 맞이하리

캄캄한 밤
가로등이여

내 인생의 횃불이여

사랑물

유리컵에 사랑물을 채웁니다

임을 사모하는 마음 모아
조금씩 조금씩

급하지 않게 흔들림 없이
매일매일

변함없는 우리 임의 사랑은
영원할 거라 믿고

오늘도 그대를 사랑하는 마음
가슴에 가득 담아 행복합니다

원점

사랑에 눈이 먼 그대는
부끄러워 나에게 가까이
다가오지 못하고 있습니다

손 내밀어 잡아주고 싶어도
그대의 향기가 되고파도
침묵일 뿐입니다

흘러가는 강물과 같이
자연스레 아무 일 없다는 듯이
우리의 제자리 사랑도
시간 따라 흘러가고 있습니다

무반응

내가 그렇게 밉단 말인가
불러도 쳐다보지도 않는단 말인가
불러도 대답도 아무런 반응을
하지 않는단 말인가

돌아선 나의 등이
슬픔으로 들썩거린다
눈물과 외로움이 밀려와

이런 날엔 비라도 내려
내 눈물을 감춰주면 좋으련만……

작은 그대

어두운 곳에
아주 작은 그대가 있고

많은 사람들
그대를 그냥 지나치며 산다

어디서
희망의 파랑새 날아와
그대의 주위를 맴돌다가

호젓한 오솔길로
서로를 인도하여
만남을 계속하며

아주 작은 그대
파랑새의 진한 입맞춤이
사라진 후에야

그것이 사랑이었음을 알고
온몸으로 울었다

참을 수 없는 내 사랑

앞서가는 그대의
옆구리 사이로
눈부신 햇살이
내 얼굴에 비치네

착한 그대 어디서
이렇게 나타나
잠자는 내 마음을
이리저리 흔드나요

참을 수 없는 내 사랑

말言

사랑한다 말을 하면
바람처럼 날아갈까 봐

사랑한다 말을 하면
이슬처럼 가버릴까 봐

사랑한다 말을 하면
우리 사랑 끝날까 봐

아무런 말을 할 수가 없었다

그대 사랑

길 잃은 외로운 새

그대가 떠났다고
보고픔도 떠난 건 아니랍니다

마음속 깊은 곳
흐르지 못하고 고정된
검붉은 나의 하트

바람 없고 생명 없는
정말로 보고 싶은
아직도 못다 한 우리 사랑

사랑의 빛

그대는 사랑의 빛
저 하늘에 나의 태양

당신을 사모하는
떨리는 나의 가슴
달래기 위해 길을 나섰다

길은 뻥 뚫려 있고
가로수는 푸르러 아름답고
차창 밖 바람은 불어 상쾌하다

가장 좋은 날은
그대를 만나는 날

이루어질 수는 없어도
혼자만의 사랑
영원하리

노래 부르다

너를 사랑하므로
항상 외롭습니다

그대를 그리워하며
마음으로 노래를 부릅니다

예쁜 목소리는 아니어도
나만의 목소리로
노래를 부릅니다

내 곁을 떠나는
그 찰나까지, 널
사랑할 거예요

시절 인연

사모하는 그대를
보낼 수가 없어요

그대와 난 시절 인연
다 하도록 가야 하네

이 목숨
멈출때까지
그대를 존경해요

행복 버스

이제는 지워야 할
그대가 옆에 있네

행복버스를 타고서
가고 있는 중

버스가
정거장에 멈춰 서면
우린 헤어짐을 알기에
더욱 가슴이 아픕니다

외사랑

사랑한다
오늘이 가기 전에 말하리라

가슴이 터질 것 같아서
고백하리

이제는
부끄러움도 버리고서 살아가리

보고 싶다
정말로 그대가 보고 싶다

미치도록
그대가 그립고 그리워

멀리서 손을 흔들며
그대가 웃고 있네

잊기로 했어요

당신을 잊기로 했다
누가 내 마음을 알까 봐
누가 나를 관찰하고 있을까 봐
눈치가 보인다

이제는
모두 다 잊으리

그대를 향한 산은
아주 높아 힘들다
여기까지 해야
멋진 추억이 된다

기다림〈1〉

그대에게 말했습니다
손잡아도 괜찮아요?
그대는 손을 내밀었다
기회를 보자마자
주저 없이 잡아버렸다

얼마나
기다렸던가
이 순간의 황홀함

기다림〈2〉

'포기'의 ㅍ을 썼습니다
지웠습니다
'기다림'의 ㄱ을 썼습니다

쉽게 포기를 생각했습니다
하지만
보석보다 아름다운 그대를
기다림은 행운입니다

선택

하늘에서 선택받은
아주 예쁜 귀한 사랑
천사들이 시기한다

땅에서 선택받은
빛나는 순수사랑
미인들이 질투한다

그대는 끝없는 사랑

심장이 뛰고 있는 한
나의 임은 기쁨 있는
영원한 엔도르핀입니다

떠날 거야

파아란 하늘에
하얀 구름 두둥실

하늘과 땅 아래
긴 그림자

그냥 보내드리고 싶어
왜? 아주 힘들어

이제는 그대 떠나
편히 살고 싶어

갈 거야 저 멀리
당신에게서 멀리 떠날 거야

얼음

그대를 보면
눈과 귀가 먹어

무조건 멋있게 보이고
그대 목소리 나의 마음을 흔드네

두려움과 떨리는 심정

미쳤다는 걸 알면서도
사랑하는 마음 달랠 길 없다

보고 싶다
달려가고 싶다

멈춰야 한다

좋은 추억

외로운 질투 여신
누구도 안 돼 안 돼

나의 임 하루살이
마음 밝혀 그대 향해

쇳덩이 녹을 갈아
보검 만들 듯이

기쁜 우리 사랑도
허물을 제거해서
좋은 추억 만들어요

이제는

우리 사랑 기쁜 사랑
영원할 줄 알았다

세월 가면 매력 없다
누군가 말했던가

이제는 더 이상은 안 돼
그대가 말했었지

마지막이라며,
나의 손을 꼭 잡아준 후
뜨겁게 포옹했다

너랑 나는
매우 쉽게 헤어졌다

후회하지 않으리

사랑은 상처를 남깁니다
그래도 상처를 각오하고
사랑을 하는 것은
미칠 것 같은 감정을
추스르지 못하기 때문입니다

이룰 수 없는 사랑일지라도
못해본 것보다는 나으리라.

그대 사랑한 것은
영원히 후회하지 않으리

메시지

저는
그대와 만남을
후회하지 않습니다

그대를
알게 되어 기쁩니다

존경합니다

이루어질 수 없는 사랑

지나간 세월 속에
우리 사랑 익어갔지

평소에는 몰랐었지
기쁠 때도

사랑하면서
헤어져야 한다는 걸 느꼈고

얼마나 서글프게 울었던가

추억을 생각하며
혼자 있기를 싫어하는
안티몬*을 생각했지

이루어질 수 없는 사랑

*안티몬 : 혼자 있기를 싫어하는 원소명

짝사랑

바라만 보고 싶어요
너무나 빛이 나기에
그대 곁에 갈 수 없어요

뜨거워서 가까이 가면
데일 수가 있습니다
매력에 빠지면
헤어나올 수가 없습니다

그래서
가까이 가지 말고
바라만 보아야 합니다

존경

내가 필요할 때에만
그대를 찾지 않겠습니다

그대가 외로울 때나
슬플 때나 힘들 때에도
그대 찾아가겠습니다

그대는 영원한 나의 희망

변하지 않는 마음으로
그대를 존경하리라

아는 사이

그대와 나는 아는 사이

언제부터 그대는
내 맘에 있었을까

언제부터 알게 되어
내 맘을 차지했을까

이름으로 불렀다가
세월이 흘러 흘러

지금은 아는 사이

오빠와 지니 사이
우리 사이좋은 사이

정

우리 사이 냉전 사이

이렇게 즐거운 날
나는 외면당했다

어느 누구보다 너에게
칭찬과 축하한다는 말을
듣고 싶었다

무관심은
나에게 마음의 상처를
남기고 시간은 흘러갔다

이제 다시는, 다시는
사람들에게
올인하는 정은 주지 않으리

외로워 말라

지나간 그 사람이
보고 싶다 보고 싶어

어느 하늘 아래
살아가고 있을까

그토록 사랑했던
그 임은
밤이 되면 전화해서
외로워 말라 했지

떠나지 말아줘요

우리의 만남은
복되고 복되도다
허전하고 괴로울 때
술 한잔 하고플 때
나의 꿈 멀어져 갈 때
그대를 만났어요

부족한 나에게로
조용히 다가와서
얘기를 들어주며
웃으며 손 내미네
그대여 영원하도록
떠나지 말아줘요

4

어머니의 손맛이 깃든 동치미와 장떡
겨울밤을 지새우며 다시 만나 정담을 나누어요

거북

메마른 내 마음에
바닷바람 불어온다

외롭고 고독한 마음
달래주며 불어온다

우리는 느린 거북

언덕을
천천히 올라가자
길게 가고
싸우지 말자

내 생각도 마찬가지

두 구멍 단추

두 구멍 단추는 부부 같다
한쪽은 남편 구멍
한쪽은 아내 구멍

구멍에 실을 건다
양쪽에

두 구멍 단추는
사이좋은 잉꼬부부

어머니

그립습니다
어머니
하이얀 겨울 숲이 유난히 차가워 보입니다

뒤뜰 대숲 바람은 나의 마음을 울리고
겨울이 다 가도록 어머니의 숨결이 그립습니다

병원에 입원한 채 살아가는
차디찬 침대와 창살 없는 감옥
난 어머니가 그립고
어머니는 따스한 정이 있는 집이 그립겠지요

어머니의 손맛이 깃든 동치미와 장떡
겨울밤을 지새우며 다시 만나 정담을 나누어요

해바라기와 해님

부모는 해바라기
아이들은 해님
부모는 아이들을 사랑한다

해바라기 꽃은 해가 꽃동산에 떠서
서산에 질 때까지
해님만을 바라보며 일을 한다

때로는 부드러운 친구이며
때로는 엄한 부모이다

어디로 튈지 모르는 애들아
누구보다 멋지게 새처럼 날아라

오로지

오늘은 어느 누구에게도
전화하지 않고
그대의 전화만
기다립니다

오로지
그대만 생각하면서

나의 멘토
존경해요 나의 언니

너와 나

해처럼 해맑은 그대 미소

달처럼 아름다운 그대 얼굴
별처럼 반짝이는 사랑스런 눈

예쁘다고 수줍게 말을 하고
스킨십하는 부드러운 손길

사모하는 눈빛 교환 너와 나
편하고 부담 없는 진짜 보배

활용

이 세상에 태어나
오빠라고 부르거나
남성에게 단 한 번도
애교를 부리거나
좋아한다는 말을
한 적이 없는 그녀

하지만 그대에겐
이 시간이 가기 전에
이 세 가지 말을
활용하고 싶다는 그녀

돈키호테

사람들은 나를 보고
엉뚱하다 말을 하네

사람들은 나를 보며
돌아이라 말을 하네

사람들은 날 보며
돈키호테 닮았다네

친한 친구 하는 말이
지니야, 예술에서만
사차원 되었으면 한다

남편의 여자 친구

어떤 남자 가수 말하길

절친한 여자는
자기가 돈을 내고
밥을 먹는 사람이다

여자 친구는 내가
밥을 사 주며
도와주는 사람이다

그럼 나는,
남편의 여자 친구

스마트폰

그대는 나에게
시인이라며
핸드폰을 바꾸라 했다

정보를 알려면
스마트폰이 필요할 거라며
바꾸라 했다

얼마나 바꾸라 말했던가

난 바꿨다

그대는
왜 바꾸지 않나요?

난, 무거워서 싫어

피아노 연주회 날

열심히 노력하며
살아가는 나는
남에게 희망이며
부러움의 대상이 되기도 한다

불혹에 십년 넘게 학원 다녀
피아노 연주회 날
친구 부부 꽃다발 들고
축하하러 왔네

소문냈는데
그 많던 지인들은
왜 연락 없지

딸

냉장고에 등을 기댄 채
배고픈 딸이
저녁을 먹고 있다

인스턴트 식품을 먹은 후
느끼하다며
김치를 먹는다

따뜻한 고봉밥을
김치와 함께 먹는다

배고프다며
다시 빵을 먹는다

위대胃大한 나의 딸

셀프〈1〉

즐거운 기분으로 식사를 한다
반찬의 주 메뉴는 아들이 좋아하는
돼지고기 보쌈이다
아주 맛있다

아들과 한참 식사를 했다
우리는 서로 도란도란 이야기를 나눴다
가족이란 걸 새삼스레 느꼈다
참, 행복했다

물이 없다
아들에게 물 좀 갖다 주라 했다
아들 왈, “엄마, 물은 셀프예요”

셀프〈2〉

옆집 초등학교 1학년 철수는
요즈음 영어공부를 시작했다

일요일이 되어 우리 집에 놀러 왔다
이모, 이모 사과는 영어로 애플이에요
음, 연필은 영어로 펜슬이에요
응 철수가 영어를 아주 잘하는구나

그날 밤 철수네 가족과 함께 외식했다
이모, 물은 영어로 셀프예요
그리고 커피도 영어로 셀프예요

식당에서 손으로 가리키며
"저기에 쓰여 있어요"

꽃은 다시 피고

내 나이 마흔,
무거운 짐을 지고 가다가
넘어졌습니다
너무 놀라 정신을 차릴 수가
없었습니다

억울했습니다

열심히 살았는데 내가 넘어지다니……

왜 나만 넘어지나
나는 다른 사람에게 나쁜 행동도
하지 않았는데……

신은 불공평했습니다

그러나
마음 추스른 후
더욱더 열심히 살게 되었습니다

딸바보

1
세상에서 제일 예쁜
하나밖에 없는 내 딸

때로는 친구처럼
때로는 언니처럼

평소에 수다도 떨고
예쁜 옷도 사주지요

2
예쁘진 않답니다
내 딸이라 귀엽지요

때로는 선배처럼
때로는 조리사처럼

힘들 때 위로해 주고
피자도 만들어 줍니다

호빵

고교 1학년 때
순자라는 친구가
크리스마스카드를 보내왔다

'호빵에게'라는 글을
나의 허락도 없이
별명을 써 왔다

작은아들 어렸을 때
손님이 "호빵맨"이라고
불러 주었다

나와 아들의 공통분모
닮은꼴이었을까?

알 수 없어요

우리가 처음 만나
사랑에 빠진 건
정신이 혼미한 상태였을 때

외로움을 떠나기 위해
혼자를 버리기 위해
술 취한 혼탁이 나를 엄습하네

뜻밖의 그대
갑자기 사라지고
깨어나면 아쉬움

훌훌 털어버리고
날아가려 하니

어느새
날개는 없고
아이만 셋

에메랄드

해가 길어졌고
날씨는 따뜻하다

햇빛은 희망이다

땀 흘려 일을 하는
아름다운 그대 얼굴

고귀한
나의 남편은
에메랄드 보석이다

개미

검정 양말
검정 쫄바지
상의는 검정 옷에 검정 모자

딸이 옷을 입은 후,
"엄마, 개미같이 보여요?"

허리를 쳐다봤다

딸이 말하길
"살찐 개미같이 보여요?"

언니

그대는 나의 운명
내 맘의 등불이여

인생의 이정표여
내 삶의 환희여

내 삶의
행복한 웃음
꿈에 그린 언니여!

마음

마음이 가는 분이 있습니다
이름만 생각해도 가슴이 콩닥콩닥
마음이 가는 분이 있습니다
그대 옆을 스치면 따뜻한 피가
전율을 느낍니다

춤을 추네

많고 많은 사람 중에
단순하게
춤을 추는 그녀

열심히 노력해도
되지 않는 춤을 추네

남들은
취하지 않았는데
홀로 취했고

춤추지 않으면
삶의 의미가 없다는
그녀가
뜨겁게 춤을 추네

평생 친구

우리는 같이 있고
서로가 관심 있고
사랑하는 줄 알았다

그대는 사랑이 아니라
친구를 원했지
나는 무엇을 원했을까

멋지게 이야기하며
폼 나게 살고 싶었다

그대는
결정하라 말했다
짧은 사랑, 평생 친구

나는
평생 친구를 선택했네

행복 맺음

마음의 눈으로
그대를 보면 편안하고

볼 수 없어도
절망하지 않아요

그대의 진실 향해
맛있는 과일처럼
웃음으로 행복해요

서로가 위로하며
의심하지 않기로 해요

소중한 인연
늘 기쁨의 충만으로
해맑게 살아가요

후회 없는 삶
–메시지 받음

최선을 다해 노력하는
소중한 당신의 인생에
박수를 보냅니다

그럼
후회 없는 삶을 영위할 테니

그래서
난
오늘도 열심히 일을 합니다

오늘같이 좋은 날

오만 원이다
늘 푸른 나무 옆에 있었다
같이, 딸이랑 길을 가고 있었다
이렇게 기쁠 수가
좋은 일에 쓰려고
은연중 손을 내밀었다
날 누가 주시하지 않았겠지

행복전도사로 환자들에게 주기적으로 방문하여 행복을 전하는 양진희 시인

양진희 시인은 전업 작가가 아니다. 직업은 행복전도사로 본인 의지와 달리 생활이 불편한 환자들에게 주기적으로 재가복지센터를 방문하여 행복을 전한다. 요즘은 재능 기부라고 말한다. 양진희 시인의 첫 시집 「행복 웃음 드림」이란 제목도 희망이 없고 자신의 병으로 인해 비애를 느끼는 자에게 용기와 희망을 전해주는 따스한 마음을 지닌 시인이다. 시인의 역할은 재능 기부다. 즉 언어로 재능 기부하는 것이고, 시인은 언어로 복음을 전하는 선지자의 역할이다. 선지자는 예로부터 GOOD NEWS, 복음을 전해주는 의미의 직업이다. 그런 면에서 양진희 시인은 분명 시인으로서 시를 적고, 그 시 언어에서는 용기와 희망의 시향이 가득하다.

일반인의 시선에서 볼 수 없는 양진희 시인의 행복전도사란 입장에서 느끼는 특별한 시선, 작은 것에서도 기쁨을 느끼고, 욕심내지 않는 그 마음씨가 첫 시집에 가득하다. 이 시집을 받은 독자는 분명히 행복한 미소를 품으며 작은 감동을 받을 것이다. 이 세상은 아직까지 따뜻하고 온화한 세상에 가족이 있다는 것을 되새겨 주는 양진희 시인. 다시 한 번 시집 출간을 진심으로 축하드린다.

손근호(월간 시사문단 발행인, 도서출판 그림과책 대표)

그림과책 시선 145

행복 웃음 드림

초판 1쇄 발행일 _ 2016년 4월 25일

지은이 _ 양진희
펴낸이 _ 손근호

펴낸곳 _ 도서출판 그림과책
출판등록 2003년 5월 12일 제300-2003-87호

03030 서울 종로구 통일로 272, 210호 송암빌딩(무악동)
도서출판 그림과책
전화 (02)720-9875, 2987 _ 팩스 (02)720-4389
도서출판 그림과책 homepage _ www.sisamundan.co.kr
후원 _ 월간 시사문단(www.sisamundan.co.kr)
E-mail _ munhak@sisamundan.co.kr

ISBN 978-89-94753-43-0(03810)

값 10,000원

이 도서의 국립중앙도서관 출판예정도서목록(CIP)은 서지정보유통지원시스템 홈페이지(http://seoji.nl.go.kr)와 국가자료공동목록시스템(http://www.nl.go.kr/kolisnet)에서 이용하실 수 있습니다.(CIP제어번호: CIP2016009558)